Arte tribal africana. Escultura em madeira. Coleção particular do autor.

Quartetos de amor VI

Quartetos de amor VI

Francisco Caruso

Copyright © 2024 Francisco Caruso
1ª Edição
*Direção Editorial: Victor Pereira Marinho e
José Roberto Marinho
Projeto gráfico e diagramação: Francisco Caruso
Capa: Fabrício Ribeiro*

Texto em conformidade com as novas regras ortográficas do Acordo da Língua Portuguesa.

**Dados Internacionais de Catalogação na Publicação (CIP)
(Câmara Brasileira do Livro, SP, Brasil)**

Caruso, Francisco
Quartetos de amor VI / Francisco Caruso. – 1. ed. – São Paulo:
LF Editorial, 2024. – (Série quartetos de amor)

ISBN 978-65-5563-452-5

1. Poesia brasileira I. Título. II. Série.

24-205193 CDD-B869.1

Índices para catálogo sistemático:
1. Poesia: Literatura brasileira B869.1
ISBN 978-65-5563-452-5
Tábata Alves da Silva - Bibliotecária - CRB-8/9253

Todos os direitos reservados. Nenhuma parte desta obra poderá ser reproduzida sejam quais forem os meios empregados sem a permissão da Editora. Aos infratores aplicam-se as sanções previstas nos artigos 102, 104, 106 e 107 da Lei n. 9.610, de 19 de fevereiro de 1998.

Impresso no Brasil
Printed in Brazil
*Editora Livraria da Física
Tel./Fax: +55 11 2648-6666 / 3936-3413*
www.livrariadafisica.com.br
www.lfeditorial.com.br

Dedicatória

odos os livros de poesia que escrevi passaram pelo olhar atento e crítico de meu amigo, um irmão por afinidade, José Alexandre da Silva. Professor, tradutor, perspicaz, sarcástico, generoso e gentil, era um bibliófilo, apaixonado pela literatura, principalmente a de língua alemã.

Gostávamos de discutir detalhes dos poemas, em conversas no fim de semana permeadas de teoria da poesia, de citações e, como não poderia deixar de ser, com alusões a livros lidos e não lidos. Infelizmente, Alexandre não teve tempo de ler os 30 poemas aqui reunidos e, portanto, não pude me beneficiar de sua crítica e seus comentários. Ressinto-me muito disso e talvez o leitor também. De qualquer forma, aprendi muito com ele, que tinha uma paciência quase infinita com as perguntas e dúvidas de um físico que resolveu escrever poemas.

Em meio ao vazio que ora sinto e a dor da perda de um caríssimo amigo, a única coisa que consigo fazer é declarar minha dívida intelectual para com ele e dedicar-lhe, postumamente, este livro, na esperança que tivesse tido prazer em lê-lo.

Francisco Caruso
Rio de Janeiro, 29 de abril de 2024.

Sumário

Interessa-me o humano	1
Composição	3
Acredite	5
Saudade não avisa	7
Pegadas	9
Poema triste	11
Confetes	13
Arlecchino	15
Arlecchino coração	17
Última lágrima	19
Manto de saudade	21
Teu suspiro	23
Pedaço do outro	25
Sempre poesia	27
Em ti	29
Orgasmo	31
Imenso vazio	33
Vazio imenso II	35
Triste quietude	37
A eternidade	39

Aqui estou 41
Sem tradução 43
Amar é simples 45
Teimosia do silêncio 47
Não mais 49
O que importa 51
Angústia 53
Certeza 55
Alma sofrida 57
Bruma autunal 59

Sobre o autor   **63**

Interessa-me o humano

e deuses e religiosidade sei muito pouco,
mitos são frutos da incompreensão.
Interessa-me o humano; louvo o amor,
implorando que não se vá de meu coração.

Composição

u és uma composição inacabada
e assim és por mim muito amada.
Como será no futuro não importa;
conta que para ele abriste a porta.

Acredite

o fundo do coração, acredite,
não quero mais sonhar,
só *ad æternum*
te amar.

Saudade não avisa

　saudade chega,
te escraviza
e, se vai embora,
não te avisa.

Pegadas

uas pegadas no meu íntimo,
minhas impressões no teu corpo
tal pó, vão, é certo, evanescer
e, só então, o amor vai renascer.

Poema triste

terno é o poema triste,
pois, como disse um poeta:
Tristeza não tem fim
felicidade sim.

Confetes

onfetes, nada mais que restos de papel
colorido de amores intensos e efêmeros,
no calor do carnaval, nascidos e mortos,
teimando em voltar do céu como semeadura.

Arlecchino

o carnaval, melancólico folião,
costurou em cetim e paetês a fantasia
colorida de seu *arlecchino* coração,
certo, em cinzas terminaria.

Arlecchino coração

o carnaval, a melancolia
costurou em cinzas a fantasia,
espelho de *arlecchino* coração,
corpo e vida do folião.

Última lágrima

 última lágrima derramada
misturou-se às cinzas de quarta,
eternizando o choro em minha fronte
com a partida da colombina amada.

Manto de saudade

o nada, a partir de uma ponta de linha solta,
a melanconia transformou o que um dia foi fantasia
tecendo sufocante manto de saudade capaz apenas
de ser desfeito noutro carnaval por um novo amor.

Teu suspiro

eu suspiro, ofegante e extenso,
feito brisa fresca, acaricia meu prazer,
sempre mais juvenil e imenso,
e, a cada afago, renova o entardecer.

Pedaço do outro

 saudade, dor causada no fundo d'alma por um pedaço do outro no nosso corpo que a insistência do tempo não rejeita, vaidosa, a alma nos engana e aceita.

Sempre poesia

Não temos pena da Lua,
não é de estrelas nosso chão;
mas – verdade nua e crua –
nosso amor é sempre poesia!

Em ti

Em ti, desligo
e me abrigo.
Em ti, respiro
e me inspiro.

Orgasmo

Complexa explosão
teu orgasmo me fascina.
Esqueço a mulher gozando,
acolho a mulher me amando.

Imenso vazio

A tímida morena alçou vôo.
Pouco de mim levou,
mas muito me legou,
até um imenso vazio.

Vazio imenso II

Agora você partiu.
Muito me levou,
muito me deixou,
até um vazio eterno.

Triste quietude

Hoje, a triste quietude da cama
expressa o duro vazio da partida.
Mais um amor a naufragar
nesse mundo sublunar.

A eternidade

A eternidade é do homem uma idealização
que apenas ao mundo das estrelas pertence.
Transcende o terrestre, onde pulsa o coração,
no qual amores, maduros ou não, vêm e vão.

Aqui estou

Sou consciente de que aqui estou só.
Eu e a razão. Partem os amores;
a tristeza, reluta. Não tenha dó!
Persistem valores e clamores!

Sem tradução

O amor não se traduz em palavras
nada mais é que a simplicidade
de detalhes e a união das partes
levadas em silêncio ao extremo.

Amar é simples

Amar é simples; amor é um ponto,
transcende o tempo e o espaço.
Viver um amor, ah!, é complexo;
invade os pontos do hiperespaco.

Teimosia do silêncio

A teimosia do teu silêncio me fere,
o teu sorriso não mais me recompensa;
assim, a aflição no coração se adensa,
pois o amor partido não mais o gere.

Não mais

Minguaram as palavras,
ou a vontade de dize-las?
O silêncio nos faz distantes
não mais ávidos amantes.

O que importa

No amor não importa o querer,
no amor não importa o ter,
no amor não importa o ser.
Nele, só importa o pleno viver.

Angústia

Hoje, habito a lembrança de um amor,
um dia, repleto de vitalidade, ternura e cor.
Nesse novo espaço, o tempo corre diferente
e me invade essa angústia de viver carente.

Certeza

Creio que, deveras, nunca te compreendi
creio que teu cheiro nunca esquecerei
creio que no outono da vida, só, estarei;
com uma certeza: um intenso amor vivi.

Alma sofrida

Apenas a alma sofrida e doída
por um amor um dia interrompido
sabe que, no tempo, o pranto reprimido
engenha da saudade uma verdade exaurida.

Bruma autunal

Uma densa bruma autunal envolve teu mistério;
me confunde, inebria e desafia a criar um critério
para acolher, com ajuda apenas do olfato e não da visão,
a paixão arterial ou venosa arraigada em teu coração.

Sobre o autor

Francisco Caruso, Casa da Ciência, Rio de Janeiro (2011).

Sobre o autor

Francisco Caruso, físico, professor, bibliófilo e poeta, nasceu no Rio de Janeiro, em 28 de outubro de 1959. É pesquisador titular do Centro Brasileiro de Pesquisas Físicas (CBPF) e professor associado, aposentado, do Instituto de Física da Universidade do Estado do Rio de Janeiro (UERJ). Além de um expressivo número de artigos científicos e ensaios, nas áreas de física teórica, física de partículas, física quântica, ensino e história da ciência, filosofia e divulgação, publicou, sozinho ou com colaboradores, 48 livros e organizou/editou outros 40.

A primeira edição da obra ***Física Moderna: Origens Clássicas e Fundamentos Quânticos*** (Elsevier, 2006), escrita com Vitor Oguri, foi agraciada com o *Prêmio Jabuti*, em 2007. Com Roberto Moreira, escreveu ***O livro, o espaço e a natureza: ensaio sobre as leituras do mundo, as mutações da cultura e do sujeito***, cuja segunda edição veio à luz pela Livraria da Física em dezembro de 2020.

Foi agraciado, em 1996, com o *Prêmio Jovem Cientista* do CNPq. É membro titular do Pen Clube do Brasil (2008), das Academias Paraense e Roraimense de Ciências (2009), da União Brasileira de Escritores (2010), da Sociedade Brasileira de História da Ciência (2013) e da Academia Brasileira de Filosofia (2013).

Publicou, em 2021, a trilogia de livros de poemas: ***Do amor silenciado***, ***Do amor perdido*** e ***Do amor eternizado***; com Cecília Costa e Mirian de Carvalho, a ***Pequena antologia amorosa***. Em 2022, vieram à luz ***Cinzas de um amor***, ***50 pequenos poemas para um grande amor***, ***50 poemas para um novo amor*** e ***Quartetos de amor***, volumes I, II e III, enquanto os volume IV e V foram publicados em 2023, juntamente coma antologia ***51 Quartetos sobre o amor escolhidos pelo autor***, todos pela Editora Livraria da Física.